Dieses Buch kann alleine lesen:

MILA

Meine liebsten Pony-Silben-Geschichten

Silbe für Silbe zum Lese-Erfolg

Liebe Eltern,

Leseanfänger lesen langsam. Sie müssen jedes Wort Buchstabe für Buchstabe, Silbe für Silbe erlesen. Alle Wörter der Geschichten in diesem Band sind in farbigen Silben markiert. Diese kurzen Buchstabengruppen können Leseanfänger schneller erfassen als das ganze Wort.

Bei den markierten Silben handelt es sich um Sprechsilben. Das heißt, die Wörter sind so in Silben aufgeteilt, wie sie gesprochen werden. Die Sprechsilben entsprechen fast immer auch der möglichen Worttrennung, also den Schreibsilben.

Nur bei der Trennung einzelner Vokale gibt es einen Unterschied: Nach den aktuellen Rechtschreibregeln werden einzelne Vokale am Wortanfang oder -ende nicht abgetrennt. Beim Sprechen unterteilen wir solche Wörter jedoch in mehrere Silben, daher sind sie in diesem Band ebenfalls mit unterschiedlichen Farben markiert: Oma, Radio.

Ihnen und Ihrem Kind viel Spaß beim Lesen!

Inhalt

9 Pia auf dem Reiterhof

33 Zwei Freundinnen auf dem Ponyhof

59 Eine Nacht mit den Ponys

84 Lesen lernen mit der Lesemaus

Liebe Mila
Herzlichen Glückwunsch
zum 5 Geburtstah.
Wir wünschen Die ganz
viel Spass mit diesem
Buch. Deine Glücksmnder.

Pia auf dem Reiterhof

Eine Geschichte von Annette Neubauer
mit Bildern von Astrid Vohwinkel

Ein Mädchen am Zaun

Jeden Tag läuft Tom
nach der Schule direkt zum Ponyhof.
Dort wartet sein Pony auf ihn.
Es hat rötliches Fell und
frisst gerne Möhren.
Deswegen heißt es Möhrchen.

Heute läuft Tom
noch schneller als sonst.
Denn er sieht ein fremdes Mädchen
am Zaun.
Es streichelt Möhrchen und
hält ihm ein Stück Schokolade hin.

„Halt!", ruft Tom empört.

„Ponys dürfen keinen Zucker essen."

Erschrocken weicht das Mädchen
vom Zaun zurück.

Die Schokolade fällt ihm aus der Hand.

„Oh!", sagt das Mädchen bestürzt.

„Das wusste ich nicht."

Jetzt tut es Tom schon leid,
dass er so unfreundlich war.
Ist doch klar!
Alle wollen sein Pony streicheln.
„Von Zucker bekommen Ponys
schlechte Zähne", erklärt Tom.
„Ach so", antwortet das Mädchen.
„Genauso wie Kinder?"
Tom nickt.

Leserätsel

Was dürfen Ponys nicht essen?

☒ P	Zucker		☒ N	Bonbons
☐ T	Äpfel		☐ U	Möhren 
☒ O	Schokolade		☒ Y	Lutscher

Die Buchstaben neben den richtigen Antworten ergeben ein Lösungswort:

PONY

Was reimt sich?

Braun	T		P
Sand	R		F
Mähne	E		A
Drucker	B		D

Die Buchstaben neben den richtigen Antworten ergeben eine Pferdegangart:

__ __ __ __

Verbinde die Punkte in der richtigen Reihenfolge von 1 bis 79 miteinander.

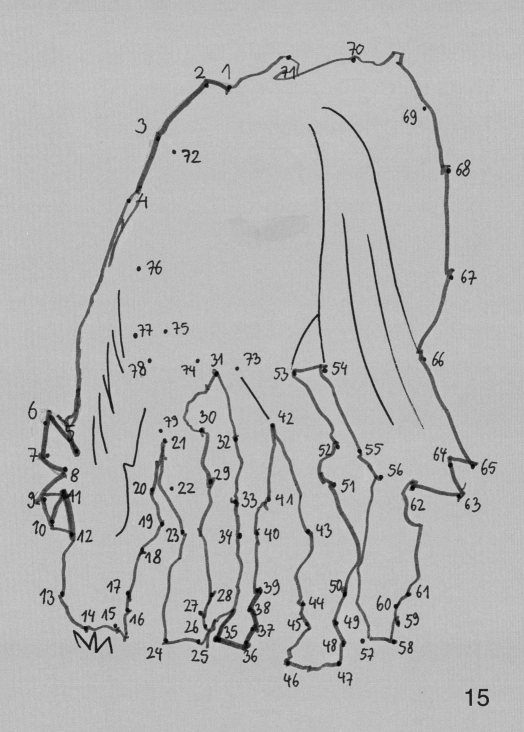

15

Pia und Möhrchen

Tom lächelt.
„Ich heiße Tom. Und du?"
„Pia", antwortet das Mädchen.
Tom sieht Pia genauer an.
Sie trägt alte Turnschuhe,
in ihrem grünen Pullover
ist ein Loch und ihre Hose
hat einen Fleck am Knie.
„Pia ist bestimmt in Ordnung",
denkt Tom.

Möhrchen streckt den Kopf
über den Zaun und
schnuppert an Pias Hand.
„Möhrchen mag dich",
stellt Tom fest.
„Willst du mal auf ihm reiten?"
„Das wäre toll!"
Pia strahlt Tom an und
Tom wird rot wie eine Tomate.

Flink klettert Pia auf den Zaun.
„Was machst du denn da?",
ruft Tom entsetzt.
„Ich will reiten", erklärt Pia.
„Das hast du doch selbst
vorgeschlagen."
„Ja", sagt Tom, „aber davor
müssen wir Möhrchen erst putzen.
Und du brauchst Zaumzeug,
einen Sattel und einen Reithelm."

„Oh", ruft Pia enttäuscht
und springt vom Zaun.
„So etwas habe ich nicht."
„Du hast echt keine Ahnung
von Ponys, oder?", fragt Tom.
Pia schüttelt den Kopf.
„Komm mit", sagt Tom.
Er geht zum Zaun und
öffnet das Gatter.
Sofort trabt Möhrchen zu ihnen.

Leserätsel

Was braucht man zum Reiten?
Male die richtigen Dinge aus.

Was stimmt?

| W | Tom wird rot wie eine Möhre. |
| H | Tom wird rot wie eine Tomate. |

| U | Pia klettert auf den Zaun. |
| A | Pia klettert auf den Zahn. |

| F | Vor dem Reiten muss Möhrchen geputzt werden. |
| T | Vor dem Reiten muss Möhrchen gepackt werden. |

Die Buchstaben neben den richtigen Antworten ergeben ein Lösungswort:

__ __ __

Im Stall

Tom und Pia gehen mit Möhrchen
hinüber zum Stall.
Dort holt Tom einen kleinen Koffer
aus einem Schrank.
„Das ist eine Putzkiste",
erklärt Tom.
„Darin bewahre ich alles auf,
was ich für Möhrchens
Pflege brauche."

Tom gibt Pia eine Bürste
mit dicken Borsten.
„Damit kannst du den Schweif
und die Mähne säubern.
Ich striegele solange das Fell
und reinige die Hufe", sagt Tom.
Bald ist Möhrchen ganz sauber.
Tom legt eine Decke auf den Rücken
seines Ponys.
Darauf kommt der Sattel,
an dem die Steigbügel hängen.
Tom zieht den Sattelgurt fest und
legt Möhrchen das Zaumzeug an.

„Damit kannst du das Pony lenken",
erklärt Tom und zeigt auf die Zügel,
die im Maul des Tieres enden.
„Willst du Möhrchen hinausführen?"
Pias Augen leuchten.
Und ob sie das will!
Stolz führt Pia das Pony
aus dem Stall.
Tom holt seinen Reithelm
und läuft hinterher.
Auf dem Hof ist ein Reitplatz.
Die Reitlehrerin Klara begrüßt
die Kinder.

Tom fragt: „Darf Pia heute
auf Möhrchen reiten?"
„Ja", sagt Klara. „Aber bitte mit Reithelm."
Tom setzt Pia seinen Reithelm auf.
Pia tritt in den Steigbügel.
Dabei hält Tom sein Pony gut fest.

Als Pia im Sattel landet,

tritt Möhrchen von einem Huf

auf den anderen.

„Entschuldige", sagt Pia.

„Das nächste Mal lande ich

sanfter auf deinem Rücken."

Möhrchen schnaubt zufrieden.

Dann führt Tom das Pony an einer

langen Leine im Kreis herum.

Klara bleibt in der Nähe und passt auf.

Pia strahlt wie ein Honigkuchenpferd.

Als sie absteigt, stupst Möhrchen

sie sanft an.

„Möhrchen will dich gern wiedersehen",
sagt Tom. „Und ich auch."
Jetzt wird Pia rot wie eine Tomate.
„Ich komme gleich morgen wieder.
Dann bringe ich für Möhrchen
Möhren mit.
Und Schokolade für dich!"

Infoseite
Die Körpersprache der Ponys

Ponys haben ihre eigene Körpersprache. Sie drücken viel durch die Haltung ihrer Ohren aus.

Wenn ein Pony müde ist, hält es den Kopf gesenkt. Die Ohrmuscheln zeigen nach unten.

Ist ein Pony aufmerksam und neugierig, stellt es die Ohren nach vorn und blickt mit großen Augen um sich.

Wenn ein Pony die Ohren flach anlegt und die Augen zusammenkneift, ist es ärgerlich.

Ein ängstliches Pony legt die Ohren nach hinten, weicht zurück und schnaubt erregt.

Lösungen

S. 14/15:
Das dürfen Ponys nicht essen: Zucker, Schokolade, Bonbons, Lutscher
Das Lösungswort lautet PONY.
Das reimt sich: Braun – Zaun, Sand – Hand, Mähne – Zähne, Drucker – Zucker
Die Pferdegangart heißt TRAB.

S. 20/21:
Zum Reiten braucht man: Reithelm, Reitstiefel, Sattel, Pony
Tom wird rot wie eine Tomate.
Pia klettert auf den Zaun.
Vor dem Reiten muss Möhrchen geputzt werden.
Das Lösungswort heißt HUF.

30

Zwei Freundinnen auf dem Ponyhof

Eine Geschichte von Julia Boehme
mit Bildern von Heike Wiechmann

Der Ausritt

Laura und Sofie sind die besten Freundinnen. Vormittags gehen sie zusammen zur Schule. Und nachmittags sind sie, sooft es geht, auf dem Ponyhof. Sie haben sogar gemeinsam Reitstunde. Und das, obwohl Laura noch gar nicht so lange reitet wie Sofie.
Heute ist es mal wieder so weit.
„Nimm die Zügel nicht zu straff, Laura. Ja, so ist gut!", ruft Frau Hauser.
Sie ist nicht nur die Reitlehrerin. Ihr gehört auch der Ponyhof.
„Ganze Abteilung: Trab!"

Laura, Sofie, Margarete, Tom und Florian traben an. Die Pferderücken gehen hoch und runter.
„Fühlt ihr den Rhythmus?", fragt Frau Hauser. „Schön mitgehen. Prima macht ihr das!"
Laura strahlt: Trab ist ihre Lieblingsgangart.
Das ist noch schöner als Galopp. Sie könnte ewig so weitermachen.

„Durchparieren zum Schritt!",
ruft Frau Hauser.
Langsam reiten sie hintereinander
auf dem Hufschlag.
„So, das wars für heute!"
Frau Hauser klatscht in die Hände.
„Tschüss, bis zum nächsten Mal!"
Schade, dass die Reitstunden
immer so schnell vorbei sind!
Laura tätschelt ihre Schimmelstute.

„Gut gemacht, Schneeflöckchen!", lobt sie das Pony und steigt ab. „Wann springen wir eigentlich mal wieder?", fragt Margarete. „Bald", antwortet Frau Hauser. Margarete verzieht ihr Gesicht. „Willst du nicht doch in die Dienstagsgruppe?", zischt sie Laura im Vorbeigehen zu. „Seit du hier bist, machen wir immer nur Babykram!"

Diese blöde Margarete! Immer muss sie meckern! Und alles lässt sie an Laura aus. Wie gut, dass Sofie da ist.

„Wir gehen doch gleich noch Eis essen?", fragt Laura.

„Klar, wie immer", lacht Sofie.

Natürlich müssen erst noch die Ponys versorgt werden. Die beiden binden ihre Ponys im Hof fest und holen die Putzkästen. Sofie will ihrem Krümel gerade den Sattel abnehmen, als Margarete aufkreuzt.

„He, Sofie. Wie wärs mit einem Ausritt?
Meine große Schwester ist da und
nimmt uns mit!"
„Echt? Super!" Sofie strahlt.
„Kann ich auch mit?", fragt Laura.
„Du?" Margarete schüttelt den Kopf.
„Nee! Nachher müssen wir die ganze
Zeit Schritt reiten. Kommt überhaupt
nicht infrage!"

„Ach, lass sie doch", bittet Sofie.
Aber Margarete denkt nicht daran.
„Hanna kriegt die Krise, wenn so eine
Anfängerin mitkommt. Sei froh,
dass du mitdarfst!"
Dass Margarete immer so fies sein muss!
Sofie schluckt. Trotzdem: Einen Ausritt
will sie sich nicht entgehen lassen.
Schnell schnallt sie den Sattelgurt fest,
steigt auf und nickt Laura zu.

„Wir sehen uns dann morgen", murmelt sie.
Laura starrt sie entgeistert an. „Und was ist mit uns?"
„Wir können doch morgen Eis essen gehen", meint Sofie.
Margarete grinst. „Komm jetzt endlich! Wir wollen los!"
Und damit reiten die beiden zum Gatter. Margaretes Schwester wartet schon auf sie.

Leserätsel

Trage in das Kreuzworträtsel die drei wichtigsten Pferdegangarten ein.

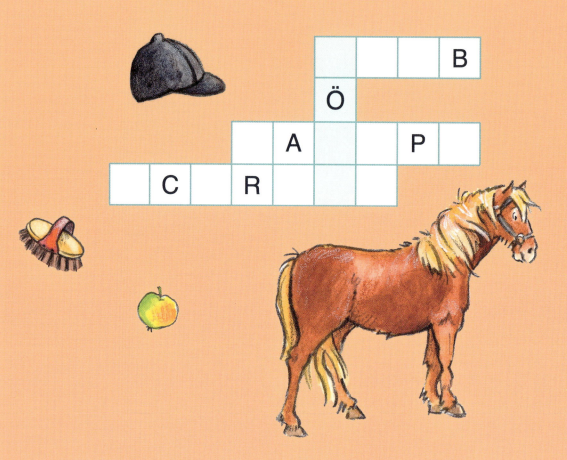

In den farbigen Feldern steht dann eine spezielle Gangart der Islandpferde.

__ __ __ __ __

42

Was stimmt?
Kreuze die richtigen Sätze an:

- [G] Laura und Margarete sind Freundinnen.
- [P] Frau Hauser gehört der Ponyhof.
- [A] Margarete hat eine große Schwester.
- [I] Die Kinder reiten im Abteil.
- [S] Sofie darf mit ausreiten.
- [N] Sofies Pony heißt Schneeflöckchen.
- [S] Schneeflöckchen ist eine Stute.

Die Buchstaben der richtigen Sätze ergeben eine weitere Gangart:

__ __ __ __

Eine böse Überraschung

Das darf doch nicht wahr sein!
Fassungslos schaut Laura den Mädchen hinterher. Wegen dieser blöden Zimtzicke lässt Sofie sie sitzen!
Eine schöne Freundin ist das!
Laura nimmt Schneeflöckchen den Sattel ab und beginnt, das Pony zu putzen.
„Ich hätte nie gedacht, dass Sofie so doof sein kann", sagt sie. „Du etwa?"
Schneeflöckchen schüttelt den dicken Ponykopf.

Dann schnuppert sie an Lauras Tasche.
„Aber natürlich habe ich etwas für dich dabei!", ruft Laura.
Schneeflöckchen schmatzt genüsslich, als sie die Möhren- und Apfelstückchen kaut. Lecker!
„So, fertig!" Laura klopft ihr den Hals. „Komm, auf die Weide mit dir!"
Schneeflöckchen tollt ausgelassen über die Wiese und begrüßt die anderen Ponys. Laura seufzt. Was soll sie noch hier – so allein?

Sie steigt auf ihr Rad und fährt nach Hause. Ob sie sich wenigstens ein Eis kaufen soll? Na klar! Warum soll sie leer ausgehen, nur weil Sofie sie sitzen lässt! Laura nimmt die Abkürzung über den Feldweg. Plötzlich kommt ihr in wildem Galopp ein Pony entgegen. Warum wechselt es nicht in den Schritt? Hat der Reiter sie nicht gesehen? Der spinnt wohl!

Laura macht eine Vollbremsung.
Moment! Es sitzt gar kein Reiter drauf!
Laura schnappt nach Luft.
Das ist ja Krümel!
Und zwar ganz allein – ohne Sofie.
Laura springt vom Fahrrad. „Halt!", ruft sie
und streckt die Arme aus. Es ist nicht ohne,
sich einem galoppierenden Pony so
in den Weg zu stellen. Laura schluckt.
Was, wenn Krümel nicht stoppt?

Mutig bleibt Laura stehen, bereit,
im letzten Moment zur Seite zu springen.
Doch zum Glück wird Krümel langsamer.
„Ist ja gut! Ganz ruhig!", ruft Laura.
Wenige Meter vor ihr fällt Krümel in den
Schritt und trottet dann ruhig auf sie zu.
Laura fasst das Pony am Zügel.
„So ist es brav", murmelt sie und tätschelt
seinen Hals. „Was ist denn passiert?
Wo ist Sofie?"
Nur schade, dass Ponys nicht sprechen
können! Schnell tauscht Laura den
Fahrradhelm gegen den Reithelm und
schwingt sich in den Sattel.

„Los, wir müssen Sofie finden!"
Mit klopfendem Herzen reitet sie den Feldweg entlang. Hoffentlich hat sich Sofie nicht verletzt!
Da! Hinten am Waldrand kommt ihnen Sofie entgegen. Zu Fuß und ganz allein. Sie humpelt ein bisschen.
„Laura!", ruft sie erstaunt. „Was machst du denn hier?"

„Na, was wohl? Ich such dich!", sagt Laura.
„Was ist denn passiert?"
„Ein Eichhörnchen ist vor uns über den Weg geflitzt. Krümel hat sich vielleicht erschreckt! Zack, hat er mich abgeworfen und ist wie ein Irrer losgerast!"
„Und? Hast du dir wehgetan?", fragt Laura besorgt.
Sofie reibt sich den Po. „Ein paar blaue Flecken werde ich schon haben. Aber sonst ist alles okay!"
Laura schaut sich um. „Wo steckt denn Margarete?"

„Die hatte keine Lust umzukehren. Sie hat gesagt, dass Krümel sicher nach Hause läuft. Und das könnte ich ja auch tun. Allein natürlich."
„Blöde Zicke!", zischt Laura.
Sofie nickt. „Du, es tut mir echt leid, dass ich …"
„Schon gut", unterbricht Laura sie schnell. „Übrigens, weißt du, was bei blauen Flecken am besten hilft?"
Sofie zuckt mit den Schultern.
„Eis!" Laura grinst. „Und am allerbesten hilft Stracciatella!"

Leserätsel

Was macht Laura, als Krümel auf sie zugaloppiert?

K	Sie versteckt sich im Graben.
N	Sie versperrt ihm den Weg.
M	Sie rast mit dem Fahrrad davon.

Was macht Laura dann mit Krümel?

A	Sie bringt ihn auf die Weide.
I	Sie reitet mit ihm nach Hause.
O	Sie sitzt auf und sucht Sofie.

Wieso hat sich Krümel erschreckt?

R	Ein Fuchs pupst.
U	Ein Eichhörnchen flitzt vorbei.
L	Ein Wildschwein grunzt.

Hat sich Sofie wehgetan?

- [A] Sie hat nur ein paar Kratzer.
- [S] Ihr Fuß ist gebrochen.
- [G] Sie hat ein paar blaue Flecken.

Was macht Margarete?

- [G] Sie hilft Sofie, das Pony einzufangen.
- [A] Sie lässt Sofie allein nach Hause humpeln.
- [C] Sie reitet zusammen mit Sofie zurück.

Was hilft laut Laura bei blauen Flecken?

- [T] Eis
- [H] Salbe
- [A] Kalte Umschläge

Die richtigen Buchstaben ergeben noch eine Lieblingseissorte von Laura:

_ _ _ _ _ _-EIS

Lösungen

S. 52/53:
Laura versperrt Krümel den Weg.
Sie sitzt auf und sucht Sofie.
Ein Eichhörnchen flitzt vorbei.
Sofie hat ein paar blaue Flecken.
Margarete lässt Sofie allein nach Hause humpeln.
Eis hilft laut Laura bei blauen Flecken.
Lösungswort: NOUGAT-EIS

S. 42/43:

T	R	A	B
		Ö	
	P	O	L	G	A	L	O	P	P
S	C	H	R	I	T	T

Lösungswort: TOLL

Frau Hauser gehört der Ponyhof.
Margarete hat eine große Schwester.
Sofie darf mit ausreiten.
Schneeflöckchen ist eine Stute.
Lösungswort: PASS

56

Eine Nacht mit den Ponys

Eine Geschichte von Julia Boehme
mit Bildern von Heike Wiechmann

Ein tolles Wochenende

„Ist das nicht toll?" Laura strahlt
ihre beste Freundin an.
„Supertoll!!" Sofie strahlt zurück.
Heute gehen sie nach der Reitstunde
nicht nach Hause. Sie übernachten
in der Scheune! Die ganze Reitklasse:
Laura, Sofie, Ina, Margarete, Tom
und Florian.
Nun sitzen sie am Lagerfeuer und grillen
Würstchen. Ein schöneres Wochenende
können sich Laura und Sofie
gar nicht vorstellen.

In der Scheune darf jeder schlafen,
wo er will.
Laura schläft natürlich neben Sofie.
Die beiden Jungs bauen sich weiter oben
aus Heuballen eine Schlafburg.
Plötzlich prasselt eine Ladung Heu
auf die Mädchen herunter.
„He!", ruft Margarete. Schon stürmen
die Mädchen die Burg der Jungs.
Und die schönste Heuschlacht
ist in vollem Gang.

Laura verpasst Tom gerade eine Ladung Heu, als Frau Hauser nach dem Rechten sieht. Ihr gehört der Ponyhof.
„Jetzt ist aber wirklich Schluss!", lacht sie.
Schade! Laura schüttelt sich die Halme aus den Haaren und kuschelt sich in ihr Strohbett. Es pikst ein bisschen, aber sonst ist es richtig gemütlich.
Natürlich wird noch etwas getuschelt. Aber nach und nach schlafen alle ein.

Mitten in der Nacht schreckt Laura auf.
Sie weiß nicht, was sie geweckt hat.
Sie lauscht. Es ist ganz still auf dem Hof.
Leise steht Laura auf und schaut aus
der Dachluke.
Drüben im Pferdestall brennt Licht.
Merkwürdig! Aber nein! Lauras Herz klopft.
Das kann doch nur eins heißen:
Schneeflöckchen bekommt ihr Fohlen!
Schon seit Wochen darf Laura nicht mehr
auf ihrem Lieblingspony reiten, weil es
trächtig ist. Vielleicht ist es ja heute so weit!

Schnell weckt sie Sofie: „Schneeflöckchen bekommt ihr Fohlen!"
Sofort setzt sich Sofie auf. „Echt?"
„Na ja, im Stall brennt Licht", wispert Laura. Plötzlich ist sie sich ihrer Sache nicht mehr ganz so sicher. „Komm, wir schauen nach!"
Bevor Sofie etwas sagen kann, schlüpft Laura in ihre Schuhe.
Leise schleichen die Mädchen nach draußen.

Die Tür zum Stall quietscht wie immer.
Aber in der Nacht klingt es doppelt so laut.
Laura und Sofie starren sich an.
Ob sie jemand gehört hat? Doch niemand
kommt. Lautlos schleichen sie die
Stallgasse hinunter. Es ist düster und
unheimlich. Nur in der Box ganz hinten
brennt Licht. Durch einen schmalen
Türspalt können sie hineingucken.
Schneeflöckchen liegt auf der Seite.
Ihr Bauch hebt und senkt sich heftig.

Die Freundinnen kommen gerade rechtzeitig. Schneeflöckchen bekommt wirklich ihr Kind. Zuerst sieht man nur einen Huf, dann ein Vorderbein, ein zweites Bein und schließlich den Kopf. Und mit einem Mal ist das ganze Fohlen da. Es hat kein weißes Fell wie seine Mutter, sondern dunkelbraunes. Wie Schokolade mit einem Klecks Sahne zwischen den Augen.
Laura strahlt: Ist das niedlich!

Erschöpft liegen Mutter und Kind im Stroh. Schließlich rappelt sich Schneeflöckchen auf. Sanft schleckt sie ihr Junges von oben bis unten ab. Dann erst tritt Frau Hauser vor. Vorsichtig säubert sie den Nabel des Fohlens. Da entdeckt sie die Mädchen. Sie wirft ihnen einen strengen Blick zu. Ab ins Bett, heißt das. Aber Laura und Sofie können sich einfach nicht losreißen. Das Fohlen ist viel zu süß! Frau Hauser seufzt. Also gut! Schließlich war sie auch einmal acht Jahre alt.

Leserätsel

Wie heißt Lauras Lieblingspony?
Bringe die Buchstaben in die
richtige Reihenfolge.

_ _ _ _ _ _ _ _ _ _

Ein Fohlen wird geboren.
Was erscheint zuerst?

- Y Der Kopf
- O Ein erstes Vorderbein
- P Ein Huf
- N Ein zweites Vorderbein

In der richtigen Reihenfolge ergeben die
Buchstaben ein Lösungswort: _ _ _ _

Was stimmt?

- G Laura übernachtet heute im Hotel.
- T Zum Abendbrot gibt es Würstchen.
- O Die Kinder schlafen in der Scheune.
- U Mitten in der Nacht brennt der Stall.
- L Schneeflöckchen bekommt ihr Fohlen.
- E Sofie weckt Laura auf.
- L Das Fohlen ist nicht weiß.
- A Frau Hauser zwinkert den Mädchen zu.

Die Buchstaben neben den richtigen Sätzen ergeben das Lösungswort:

Das hast du __ __ __ __ gemacht!

69

Schneeflöckchen und ihr Fohlen

Nun versucht das Fohlen aufzustehen. Wieder und wieder stemmt es die Beine hoch, knickt ein und versucht es von Neuem.

„Los, du schaffst es!", feuert Laura das Fohlen heimlich an.

Da! Endlich steht das Fohlen, wenn auch noch recht wackelig. Es wagt sogar ein Schrittchen nach vorn. Suchend tapst es zur Mutter. Schneeflöckchen stupst ihr Junges in die richtige Richtung.

Doch es dauert noch, bis das Kleine
das Euter findet und trinkt.
Na endlich! Laura strahlt. Sie ist so stolz,
als wäre es ihr Fohlen!
Nach dem Trinken ruht sich das kleine
Fohlen aus. Frau Hauser schlüpft
aus der Box. „Jetzt aber marsch ins Bett!"
Laura und Sofie nicken nur und huschen
davon. Laura kuschelt sich in ihre Decke.
So etwas Wunderbares! Sie könnte jubeln
vor lauter Glück.

Die anderen sind längst beim Frühstück,
als Laura und Sofie aufwachen.
Laura reibt sich die Augen. „Ich habe
etwas Wunderbares geträumt!"
Sofie kichert. „Das war kein Traum!"
Im Nu sind die beiden angezogen.
„Na, ihr Nachteulen!", begrüßt sie
Frau Hauser.
„Wie geht es dem Kleinen?", fragt Sofie.
„Alles bestens, eben war schon der Tierarzt
da, um nach dem Rechten zu sehen!"

Frau Hauser schaut die beiden an.
„Es ist übrigens ein kleines Hengstfohlen. Überlegt euch schon mal, wie es heißen soll!"
„Wir dürfen einen Namen aussuchen?", fragt Laura atemlos.
„Ja, da ihr doch bei der Geburt dabei wart", lacht Frau Hauser.

Während der Reitstunde sind die beiden Freundinnen gar nicht richtig bei der Sache. Ständig müssen sie an das Fohlen denken. Tausend Namen gehen Laura durch den Kopf. Aber der richtige ist nicht dabei. Nach dem Reiten werden die Ponys geputzt, bevor sie auf die Weide kommen. Das Wochenende auf dem Ponyhof ist damit zu Ende. Die anderen Kinder haben sich längst auf den Heimweg gemacht.

Nur Laura und Sofie sitzen weiterhin auf dem Zaun. Sie haben immer noch keinen passenden Namen gefunden.
„Na, wollt ihr das Fohlen noch einmal sehen?", fragt Frau Hauser.
Auf einer geschützten Weide ist Schneeflöckchen mit ihrem Kind.
Von Weitem schauen Laura und Sofie zu, wie das Kleine tollpatschig über die Wiese stakst. Sein braunes Fell sieht so kuschlig aus!

„Wir könnten es Schoko nennen",
meint Laura vorsichtig.
Frau Hauser überlegt. „Wahrscheinlich
bleibt es gar nicht braun, sondern wird
irgendwann ein Schimmel wie seine Mutter."
„Echt?" Laura überlegt einen Moment.
„Aber es gibt doch auch weiße Schokolade!"
Sofie lacht. „Also gut, dann Schoko!"

Auch Frau Hauser ist einverstanden.
„Und wisst ihr was? Weiße Schokolade mag ich sogar am liebsten!"
Glücklich radeln Laura und Sofie nach Hause. Dass das Wochenende auf dem Ponyhof toll wird, war ja klar. Aber dass es so wundervoll wird, hätten sie nicht gedacht. Nie im Leben!

Leserätsel

Was macht das neugeborene Fohlen?

- [P] Es galoppiert los.
- [T] Es isst eine Möhre.
- [C] Es versucht aufzustehen.

Was trinkt das Fohlen?

- [I] Tee
- [H] Milch
- [A] Cola

Was sollen sich Laura und Sofie überlegen?

- [U] Wann sie wieder auf dem Ponyhof übernachten wollen
- [D] Die Lösung einer Rechenaufgabe
- [M] Einen Namen für das Fohlen

Welche Fellfarbe hat das Fohlen?

- [O] Weiß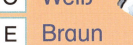
- [E] Braun
- [A] Rot kariert

Welchen Namen bekommt das Fohlen?

- [N] Bonbon
- [R] Kokosflöckchen
- [L] Schoko

Die Buchstaben neben den richtigen Antworten verraten dir etwas über Lauras Lieblingspony:

Schneeflöckchen ist ein S __ __ I __ M __ __.

Wo gefällt es Laura am besten?

→ 🖼 + N + 🖼 + 1̶,̶2̶,̶3̶ + 🖼 U = O

Auf dem __ __ __ __ __ __.

79

Infoseite
Die Fellfarben von Pferden und Ponys

Ein Fuchs hat rötliches Fell. Mähne und Schweif sind gleichfarbig oder heller.

Ein Rappe ist ganz schwarz.

Ein Brauner hat rötliches bis braunes Fell. Mähne und Schweif sind schwarz.

Ein Schecke hat geflecktes Fell.

Lösungen

S. 68/69:

Lauras Lieblingspony heißt SCHNEEFLÖCKCHEN.
Huf, erstes Vorderbein, zweites Vorderbein, Kopf
Lösungswort: PONY
Zum Abendbrot gibt es Würstchen.
Die Kinder schlafen in der Scheune.
Schneeflöckchen bekommt ihr Fohlen.
Das Fohlen ist nicht weiß.
Lösungswort: TOLL

S. 78/79:

Das Fohlen versucht aufzustehen.
Das Fohlen trinkt Milch.
Laura und Sofie sollen sich einen Namen für das Fohlen überlegen.
Das Fell des Fohlens ist braun.
Das Fohlen bekommt den Namen Schoko.
Schneeflöckchen ist ein SCHIMMEL.
PO + N + BABY + HOF (statt HUF)
Laura gefällt es am besten auf dem PONYHOF.

Lesen lernen mit der Lesemaus

Liebe Eltern,

alle Kinder wollen Lesen lernen. Sie sind von Natur aus wissbegierig. Diese Neugierde Ihres Kindes können Sie nutzen und das Lesenlernen frühzeitig fördern. Denn Lesen ist die Basiskompetenz für alles weitere Lernen. Aber Lesenlernen ist nicht immer einfach. Es ist wie mit dem Fahrradfahren: Man lernt es nur durch Üben – also durch Lesen.

Lesespaß mit Lesepass

Je regelmäßiger Ihr Kind übt, desto schneller und besser wird es das Lesen beherrschen. Eine schöne Motivation kann dabei ein Lesepass sein, den Sie zusammen mit Ihrem Kind basteln können.
Vereinbaren Sie mit ihm eine kleine Belohnung, die es für eine bestimmte Anzahl an Trainingsminuten gibt.
Eine Leseeinheit können zum Beispiel 10 Minuten sein. Für jede Leseeinheit gibt es einen Sammelpunkt – und nach einer zu vereinbarenden Anzahl von Punkten dann die kleine Belohnung.

Wie können Sie Ihr Kind beim Lesenlernen unterstützen?

Je positiver Kinder das Lesen erleben, desto motivierter sind sie, es selbst zu lernen. Versuchen Sie, Ihrem Kind

ein Vorbild zu sein. Zeigen Sie Ihrem Kind, dass Lesen und Schreiben zum Alltag gehören. Etablieren Sie gemeinsame Leserituale. So erfährt Ihr Kind: Lesen macht Spaß!

Lesen Sie Ihrem Kind mindestens bis zum Ende der Grundschulzeit vor. Auch wenn Ihr Kind zunehmend eigenständig liest, bleibt das Vorlesen ein schönes und sinnvolles Ritual.

Lesen lernen mit der Lesemaus

Jedes Kind lernt unterschiedlich schnell lesen. Orientieren Sie sich bei der Auswahl von Erstlesebüchern daher an den Interessen und Lesefähigkeiten Ihres Kindes. Die Geschichten sollen Ihr Kind fordern, aber nicht überfordern. Die Lesemaus zum Lesenlernen bietet spannende und leicht verständliche Geschichten für Leseanfänger. Altersgerechte Illustrationen helfen, das Gelesene zu verstehen.

Mit lustigen Leserätseln können die Kinder ihre Lernerfolge spielerisch selbst überprüfen. Außerdem gibt es in jedem Band interessante Sachinfos für Jungen und Mädchen.

Ihnen und Ihrem Kind viel Spaß beim Lesen!

Lesenlernen mit Spaß

978-3-551-06638-1

978-3-551-06642-8

978-3-551-06645-9

978-3-551-06651-0

978-3-551-06654-1

978-3-551-06644-2

978-3-551-06646-6

978-3-551-06620-6

978-3-551-06649-7

978-3-551-06643-5

978-3-551-06650-3

CARLSEN
www.carlsen.de

HAST DU SCHON ALLE?

**HEIDI:
BARFUSS IN DEN BERGEN**
ISBN 978-3-551-69030-2

**SISSI:
DIE PFERDE-PRINZESSIN**
ISBN 978-3-551-69043-2

**DIE FEUERWEHR
KOMMT NACKIG HER**
ISBN 978-3-551-69066-1

**THEO UND MARLEN:
AUF DER INSEL**
ISBN 978-3-551-69033-3

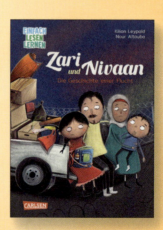

**ZARI UND NIVAAN –
DIE GESCHICHTE EINER
FLUCHT**
ISBN 978-3-551-69006-7

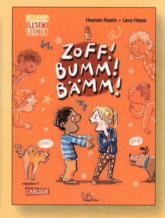

**ZOFF! BUMM! BÄMM! –
EIN STREITBUCH**
ISBN 978-3-551-69088-3

WWW.CARLSEN.DE

HAST DU SCHON ALLE?

KÄPTEN MATZ: ... UND DER RIESEN-STRUDEL
ISBN 978-3-551-69039-5

BITTE NICHT ÖFFNEN, SONST ... 1: YETI-RITTER-SCHNEEGEWITTER
ISBN 978-3-551-69043-2

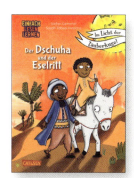

IM LICHT DER ZAUBER-KUGEL: DER DSCHUHA UND DER ESELRITT
ISBN 978-3-551-69031-9

BOBBY UND BOSS: HEIMLICH BESTE FREUNDE
ISBN 978-3-551-69016-6

DIE SCHULE DER MAGI-SCHEN TIERE ERMITTELT 5: DER GURKENSCHURKE
ISBN 978-3-551-65595-0

CONNI UND DIE FREUNDSCHAFTS-STERNE
ISBN 978-3-551-69068-5

DAS KLEINE WIR IN DER 1. KLASSE
ISBN 978-3-551-69026-5

DIE ROBOT-KIDS 1: RETTUNG VON MOTO-5
ISBN 978-3-551-69020-3

ACHTUNG!: STEILER SCHULWEG
ISBN 978-3-551-69028-9

WWW.CARLSEN.DE

GUT GERÜSTET INS LESEABENTEUER!

Heiko Wolz & André Sedlaczek
MINECRAFT SILBEN-GESCHICHTE: ABENTEUER – BIS DIE SCHULE WACKELT!
Hardcover
96 Seiten
ISBN 978-3-551-06565-0

STEFAN UND ANNA SIND NEU IN DER SCHULE. Täglich entdecken sie aufregende Sachen in ihrer aus Blöcken bestehenden Welt. Doch dann wird die Lehrerin krank und es kann kein Unterricht mehr stattfinden. Für Stefan ist klar: Er muss helfen! Gemeinsam mit Anna will er am schuleigenen Braustand einen Trank der Heilung zaubern. Was Stefan nicht weiß: Ein neugieriger Zombie lebt mit seinen fiesen Verwandten im Keller der Schule und beobachtet ihre Braukünste mit Sorge.

Das erste Minecraft-Silben-Buch zum Lesenlernen

WWW.CARLSEN.DE

Die **LESEMAUS** ist eine eingetragene Marke des Carlsen Verlags.

Sonderausgabe im Sammelband
© 2023 Carlsen Verlag GmbH, Völckersstraße 14-20, 22765 Hamburg
ISBN: 978-3-551-06665-7
Umschlagillustration und Vorsatz: Astrid Vohwinkel
Illustration der Lesemaus: Hildegard Müller
Umschlagkonzeption: Gunta Lauck
Lektorat: Constanze Steindamm
Satz: Karin Kröll
Lithografie: ReproTechnik Fromme, Hamburg

Pia auf dem Reiterhof
© Carlsen Verlag GmbH, Hamburg 2011

Zwei Freundinnen auf dem Ponyhof
© Carlsen Verlag GmbH, Hamburg 2007

Eine Nacht auf dem Ponyhof
© Carlsen Verlag GmbH, Hamburg 2009

Alle Bücher im Internet: www.lesemaus.de
Newsletter mit tollen Lesetipps kostenlos per E-Mail: www.carlsen.de